Johann Ignaz Melchior Felbiger

Namensbüchlein zum Gebrauch der Schulen in den kaiserlich-königlichen Staaten

Johann Ignaz Melchior Felbiger

Namensbüchlein zum Gebrauch der Schulen in den kaiserlich-königlichen Staaten

ISBN/EAN: 9783743678026

Hergestellt in Europa, USA, Kanada, Australien, Japan

Cover: Foto ©ninafisch / pixelio.de

Weitere Bücher finden Sie auf **www.hansebooks.com**

oder

Namenbüchlein,

zum Gebrauche der Schulen in den kaiserlich- königlichen Staaten.

Mit Erlaubniß der k. k. Regierung im Lande ob der Ens.

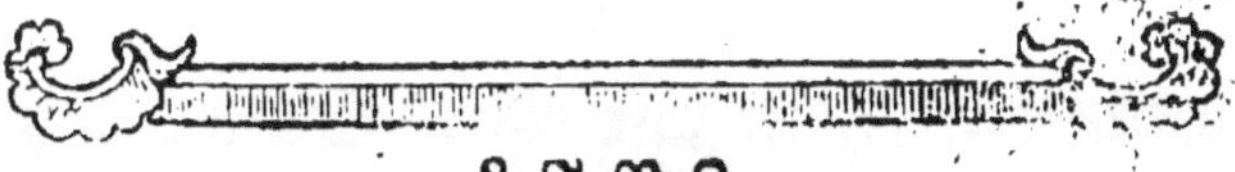

LINZ,
Gedruckt und im Verlage bei Johann Michael Feichtinge
sel. Wittwe. 1786.

Die Buchstaben des deutschen und lateinischen

§.

Kleine deutsche Buchstaben.

a b c d e f g h i j k l m n

Kleine deutsche Kurrentbuchstaben in Handschriften.

a b c d e f g h i j k l m n

Grosse deutsche Druckbuchstaben.

A B C D E F G H J K L M N

Grosse deutsche Kurrentbuchstaben in Handschriften.

A B C D E F G H J K L M N

Kleine lateinische Kurrentbuchstaben in Handschriften.

a b c d e f g h i j k l m n

Kleine lateinische Buchstaben.

a b c d e f g h i j k l m n

Grosse lateinische Kurrentbuchstaben in Handschriften.

A B C D E F G H J K L M N

Grosse lateinische Buchstaben.

A B C D E F G H I K L M N

Die in der ersten Zeile mit einem Striche angemerkten

Alphabets nach der gewöhnlichen Ordnung:

I.

o p q r ſ t u v w x y z

o p q r ſ t u v w x y z

O P Q R S T U V W X Y Z

O P Q R S T U V W X Y Z

o p q r ſ t u v w x y z

o p q r ſ t u v w x y z

O P Q R S T U V W X Y Z

O P Q R S T U V W X Y Z

Buchſtaben ſind die einfachen lauten Buchſtaben.

§. II.

1.

Ba	be	bi	bo	bu	bau	bei
Ca ka	ce ze	ci zi	co ko	cu ku	cä zä	cö zö
Da	de	di	do	du	dei	dau
Fa	fe	fi	fo	fu	fau	fie
Ga	ge	gi	go	gu	gau	gä
Ha	he	hie	ho	hu	heu	hau
Ja	je		jo	ju	jau	jä
La	le	lie	lo	lu	lä	lö
Ma	mei	mie	mau	ne	no	neu
Pa	pe	pi	po	pu	pau	pei
Ra	re	rie	ro	ru	rei	rau
Sa	sey	sie	ta	tu	tie	tau
Va	ve	vie	vo	vor	vau	vä
Wo	wei	wie	xa	xe	xo	xu
Za	ze	zi	zo	zu	zä	zö

2.

Ab	ob	üb	ach	ich	auch	äch
Eich	euch	eid	öd	aff	of	äf
Äuf	ag	eig	aug	eck	ik	aal
Ahl	ehr	ihm	ihn	ihr	ohr	uhr
Ohn	all	eil	öl	am	im	um
Eim	an	in	en	ein	un	ap
Op	ar	er	ir	or	ur	eur
Ihr	as	es	iß	eis	aus	aas

3.

Bad	bub	baum	der	das	für	fiel
Gib	gut	hin	her	hut	[illegible]	jud
Kein	komm	laub	lob	mir	muth	maß

Nein

Nein	noth	pein	pech	rad	rein	rock
Seyn	satt	tod	tauf	vor	viel	von
Wir	wein	xer	xes	zoll	zahn	zeit

4.

Blau	bley	brů	bra	drey	dra	dro
Flei	flie	frey	frau	glei	glo	gna
Grau	gru	klo	kley	kna	kno	kra
Pfau	pfei	plau	prei	psa	pto	psalm
Qual	qui	scha	spei	stau	spu	sma
Sto	treu	thrå	zween	zwo	zwey	zwar
Chri	chlo	pfle	pfrie	schlei	schma	schnee
Skla	spra	spli	spreu	strau	streu	stroh

5.

Abt	obs	ůbt	obst	acht	ochs	åcht
Oft	als	alt	ŏls	eilt	ulm	eilf
Amt	eng	ung	anz	ens	ins	uns
End	angst	ant	ans	ent	und	ens
Arm	art	erd	irrt	arz	arg	arzt
Ort	erb	arch	erz	erst	ernst	obst
Ast	ist	ost	ißt	izt	åzt	axt

6.

Bleib	brod	krain	draht	flug	fromm
Glied	gnad	grab	kleid	knab	kreis
Phil	pfeil	plag	praf	psal	queck
Skor	span	stum	stab	stirb	theil
Traf	thron	zwang	zweck	pflug	pfriem
Schlaf	schmal	schnell	schreib	schwab	split
Spröd	strich	streit	strom	rang	steh

7.

Bald	berg	durch	dampf	fern	feind
Gibst	ganz	horn	hirt	jagd	jung
Kalb	korn	luft	lang	macht	milch
Nicht	nest	pelz	post	recht	ring
Saft	sold	tanz	text	wald	wind
Wort	wirft	zart	zank	zunft	zucht

8.

Blind	brunst	christ	dringst	drückst
Fleucht	fleisch	fremd	freund	glanz
Grund	greifst	kluft	knecht	kraft
Pfand	pferd	pracht	plump	psalm
Schilf	schelm	spund	stift	stand
Tropf	trost	zwerg	zwirn	pflicht
Pfropf	streng	sprung	schlund	schmerz
Schnupft	schrift	schwarz	schwert	schwalm

9.

Ba	bar	bart	barst	bargst	brauchst
Da	der	dort	durst	darfst	denkst
Fa	fau	faul	fault	faulst	fühlst
Ga	gab	gib	gibt	gibst	gerbst
Hie	hier	hirt	hörst	hirsch	herrscht
Ko	kor	korb	kerbt	kerbst	kaufst
La	lan	lang	langt	längst	lenkst
Me	mei	mein	meint	meinst	mengt
Ne	neu	neig	neigt	neigst	nichts
Pa	pab	pappt	pabst	pabsts	prangst
Ri	rin	ring	rings	ringt	ringst
Si	sin	sing	singt	singst	stirbst
Tau	taub	täubt	täubst	triebst	trinkst

Wie

Wie	wir	wirg	wirgt	wirgst	wirfst
Za	zan	zank	zankt	zankst	zürnst
Bri	brin	bring	bringt	bringst	brichst
Ble	blei	bleib	bleibt	bleibst	bliebst
Dra	drån	drång	drångt	dråmgst	dringst
Fli	flich	flicht	flichtst	fließt	fleuchst
Fre	freu	freun	freund	freunds	fremd
Glau	glaub	glaubt	glaubst	glanz	glånzt
Kli	klin	kling	klingt	klingst	klopfst
Knie	knip	knipf	knipft	knipfst	krånzt
Kra	krach	kracht	krachst	kreuchst	krånkst
Pfa	pfan	pfand	pfands	pfåndt	pfåndst
Plu	plum	plump	plumpt	plumpst	platzt
Pra	pran	prang	prangt	prangst	probst
Sta	star	stirb	stirbt	stirbst	stůndst.

Pfla	pflan	pflanz	pflanzt	pfropft
Schli	schlin	schling	schlingt	schlingst
Schmi	schmin	schmink	schminkt	schmilzt
Schne	schnei	schneid	schneidt	schnupfst
Schra	schrån	schrånk	schrånkt	schrumpft
Schwi	schwimm	schwimmt		schwånkst
Stre	strei	streich	streicht	streichst.

§. III.

1.

Au=en	No=e	Theu=er	Gey=er
Bai=ern	Hau=er	Jo=ab	Wey=er
Dau=er	Bau=er	Pfau=en	Zwey=en
Ey=er	kåu=en	reu=en	Bi=as
Feu=er	Si=on	freu=e	Po=et.

2.

A-dam	Ge-bet	Na-tur	Tho-mas
Bo-den	Hei-land	O-fen	U-fer
Ce-der	Jo-seph	Pau-lus	Va-ter
Da-vid	Kai-ser	Quå-len	Wei-de
E-va	Le-vit	Re-gen	Zei-ten
Fa-bel	Moi-ses	Si-mon	Au-en.

3.

Rib-be	Ad-ler	ahn-den
Wid-der	Lef-zen	Hälf-te
Tref-fen	Klaf-ter	Sänf-te
Rog-gen	Mäg-de	Ant-litz
Stel-le	Mah-ler	stopf-te
Him-mel	Moh-ren	Märk-te
Tren-nung	Syl-be	Arz-ney
Kap-pe	Mal-ter	Räth-sel
Kar-ren	Stem-pel	Metz-ger
Schlos-ser	In-sel	Ord-nung
Mut-ter	war-ten	Aerz-te.

4.

Ge-stern	Strüm-pfe	Sieg-fried
Süm-pfe	Sa-phyr	Pan-kraz
Ur-theil	Wün-schen	A-gnes
The-kla	wa-chen	Ste-phan
Pro-phet	Na-then	A-pfel
Fähn-drich	Häu-pter	mi-sten
Pil-gram	Die-trich	Ha-spel
Fen-ster	An-spach	Al-brecht
Men-schen	Stam-pfen	De-kret.

§. IV.

§. IV.

1.

Bau=art	Frey=ta fel	Rach=gier
See=in sel	Bräu=mei ster	Re=ben saft
Schau=es sen	See=hund	Neu=stift
Bley=a der	bau=fäl lig	Kle=blatt
Drey=ec kigt	Dach=zie gel	Schleif=stein
Frey=ort	Tisch=tuch	Brenn=spie gel
Bei=sit zer	Fisch=bein	Nord=schein
Neu=gie rig	Gelb=sucht	Wort=streit.

2.

Aug=a pfel	Mund=art	Braut=ring
Blut=a der	Stemm=ei sen	Kauf=la den
Leib=ei gen	Wett=ei fer	Deutsch=land
Maul=aff	Wald=e sel	Erb=rich ter
Meer=en ge	Brand=o pfer	Lob=re de
Schul=ord nung	Erd=a pfel	Land=re gen.

3.

Auf=rich tig	Ob=acht	er=o bern
aus=ar ten	vor=ei lig	Un=eh re
her=auf	ab=än dern	ver=ab re den
hin=aus	ent=er ben	ur=alt.

4.

Werk=lein	Er=eig niß	Die ses=mal
Jüng=ling	Bis=thum	mei net=hal=ben
Sterb=lich	scherz=wei=se	sorg=los
straf=bar.		

5.

A fri - ka - ner
Fal - sche
Ne - bel
Ta - deln
Flo - renz
Zau - dern
Gü - tig
Lo - gik
Eng - lisch
Er - ho - lung
Ehr - bar - keit
Zwey - fa - che
Zag - haf - tes
Säug - lin - ge
Krank - hei - ten
Lust - bar - kei - ten
Ta - del - haf - tes
Lü - der - lich - kei - ten

Sa kri - sta - ner
We - ge
Pin - sel
Run - zeln
Excel - lenz
un - sern
barm - her - zig
A - rith - me - tik
kin - disch
Hoff - nung
mehr - ma - lig
Ta - pfer - keit
Rich - tig keit
eng - li - sches
Wir - thin nen
vier - ma - li - ges
Kö - ni - gin nen
ge - gen wär - ti - ges.

6.

Dar - aus
Dar - ein
Dar - in
Kir - chen - amt
Un - sert - hal - ben,
Seinet - halben
Vor - züglich
Lieb - reich

wor - auf
wor - über
wor - unter

war - um
wor - um
Dar - um
An - dachts - eifer
des - sent - hal - ben
viert - halbe
Behilf - lich
Tisch - lein.

Ler-ne im-mer gu-te Sa-chen,
Mei-de al-le bö-se Din-ge.
Got-tes Au-gen se-hen Al-les.
Men-schen sol-len nie-mals lü-gen.
Fol-ge dei-nen lie-ben Ael-tern.
Hö-re flei-ßig dei-ne Leh-rer.
Ler-ne täg-lich et-was neu-es.
Em-pfan-gen, ver-zie-hen,
be-te-te, bau-e-te, lo-be-te,
heu-ti-ge, mei-de-te, quä-le-te.

Wi-zi-ge, glä-ſer-ne, häu-fi-ge
Ma-ri-a, Chri-ſti-na, Jo-ſe-pha,
Kai-ſe-rinn, Kö-ni-ginn, Kuhr-für-ſtinn
Por-tu-gall, Spa-ni-en, Schle-ſi-en
The-re-ſia, A-ma-li-a
E-li-ſa-beth, I-ta-li-en
Buch-ſta-bi-ren, tri-um-phi-ren
Zu-be-rei-ten, ver-fer-ti-gen
Buch-dru-cke-rey, Stück-gie-ſe-rey
Con-ſtan-ti-no-pel, Ja-nu-a-ri-us.

§. V.

§. V.

Im Na-men Gott des Va-ters †, und des Soh-nes †, und des hei-li-gen Gei-stes † A-men.

Das Ge-bet des Herrn.

Va-ter un-ser, der du bist in dem Him-mel; ge-hei-li-get wer-de dein Na-men, zu-kom-me uns dein Reich; dein Wil-len ge-sche-he, wie im Him-mel, al-so auch auf Er-den; Gieb uns heut un-ser täg-li-ches Brod; und ver-gieb uns un-se-re Schul-den, als auch wir ver-ge-ben un-sern Schul-di-gern; Und füh-re uns nicht in Ver-su-chung; Son-dern er-lö-se uns von dem Ui-bel; A-men.

Der eng-li-sche Gruß.

Ge-grüs-set seyst du Ma-ri-a, voll der Gna-den, der Herr ist mit dir; du bist ge-be-ne-dey-et un-ter den Wei-bern, und ge-be-ne-dey-et ist die Frucht dei-nes Lei-bes Je-sus: Hei-li-ge Ma-ri-a, Mut-ter Got-tes, bitt für uns ar-me Sün-der izt, und in der Stun-de un-sers Ab-ster-bens, A-men.

Die zwölf Ar-ti-kel des christ-li-chen Glau-bens.

1) Ich glau-be an Gott den Va-ter, all-mäch-ti-gen Schö-pfer Him-mels und der Er-de; 2) Und an Je-sum Chri-stum, sei-nen ein-ge-bor-nen Sohn, un-sern Herrn; 3) Der em-pfan-gen ist von dem hei-li-gen Gei-ste, ge-bo-ren aus Ma-ri-a der Jung-frau; 4) Ge-lit-ten un-ter Pon-ti-o Pi-la-to, ge-kreu-zi-get, ge-stor-ben, und be-gra-ben. 5) Ab-ge-stie-gen zu der Höl-le, am drit-ten Ta-ge wie-der auf-er-stan-den von den Tod-ten. 6) Auf-ge-fah-ren in den Him-mel, sitzt zu der rech-ten Hand Got-tes, des all-mäch-ti-gen Va-ters. 7) Von dan-nen er kom-men wird zu rich-ten die Le-ben-di-gen und die Tod-ten. 8) Ich glau-be an den hei-li-gen Geist; 9) Ei-ne hei-li-ge all-ge-mei-ne christ-li-che Kir-che, Ge-mein-schaft der Hei-li-gen; 10) Ab-laß der Sün-den. 11) Auf-er-ste-hung des Flei-sches; 12) Und ein e-wi-ges Le-ben, A-men.

§. VI.

Kurze Sittenlehren.

Fürchte Gott, thu recht, scheu niemanden.
Müßiggang ist aller Laster Anfang.
Gleich und gleich gesellt sich gern.
Geduld überwindet alles.
Nach gethaner Arbeit ist gut ruhen.
Wer nicht will hören, der muß fühlen.
Böse Beispiele verderben gute Sitten.
Wer viel redet, muß viel wissen, oder viel lügen.
Wer den Fehler bereuet, dem verzeiht man gern.
Ehre das Alter; denn du kannst auch alt werden.
Schweig von demjenigen, was du nicht recht weißt.
Sey nicht stolz, wenn du glücklich bist.
Verzage nicht im Unglücke.
Ein zufriedenes Herz ist das größte Reichthum.
Versprich nichts, was du nicht halten kannst.
Einen faulen Menschen verachtet jedermann.
Wer andere betrügen will, der wird oft am meisten betrogen.
Man muß nicht Böses mit Bösem vergelten.
Der Geiz ist eine Wurzel alles Uibels.
Einen dummen Menschen mag niemand haben.
Was wir gern thun, das fällt uns nicht schwer.
Zanke dich nicht, und vergilt nicht Böses mit Bösem.
Flieh kurze Freuden, auf die eine lange Reue folget.

Der

Der Mensch denkt, Gott lenkt.

Wer einmal gelogen hat, dem glaubt man selten wieder.

Wer fromm, fleißig, und höflich ist, der kömmt in der ganzen Welt fort.

Ein Lasterhafter wird nicht nur von guten, sondern auch von bösen Menschen verachtet.

Gesundheit ist besser als Reichthum und Tugend gilt mehr als Klugheit.

Was man nicht ändern kann, das muß man geduldig leiden.

Wer das mit Murren thut, was er doch thun muß, der macht sich selbst das Leben schwer.

Durch Höflichkeit wird Niemand beleidiget, aber Grobheit macht Feinde.

Es kann nicht jeder schöne Kleider haben, aber reinlich kann jedermann seyn.

Nicht die Fehler, sondern die Tugenden der Menschen muß man nachahmen.

Wer sich über das Glück seines Nächsten betrübet, der zeiget ein böses Herz.

Fleißige Menschen kommen zu Ehren, aber Müßiggänger gerathen in Laster.

Wer in seiner Jugend nichts gelernet hat, der beklaget es im Alter.

Wer andere Leute gern verklaget, der ist kein Menschenfreund.

Wer dem andern eine Grube gräbt, fällt leicht selbst hinein.

Urtheile nie, ehe du die Sache recht gehöret hast, und laß die Leute ausreden.

§. VII.

§. VII.

Kleine Erzählungen.

Das neugierige Kind.

Ein Kind fragete eines Tages seine Mutter: wo komme ich dann hin, wenn ich zur Stadt hinausgehe? Sie antwortete: in die Vorstadt — Und wenn ich nun zur Vorstadt hinaus bin? — Auf das Land.

Das Kind ließ sich dieses erklären: fragete aber immer wieder: und wo komme ich denn ferner hin, und wo denn darnach?

Die Mutter sagte ihm, daß es von Dorfe zu Dorfe, von Stadt zu Stadt, von einem Lande ins andere, und endlich an das Ufer großer Meere kommen würde.

Das Kind ließ sich erzählen, was das Meer und die übrigen Theile der Welt wären.

Man ermangelte nicht, ihm eine kleine Beschreibung davon zu geben.

Es wollte hierauf wissen, ob alles immer so in der Welt gewesen wäre: die Mutter zeigte ihm aber, daß seit dem Anfange derselben grosse Veränderungen vorgegangen wären, und gab ihm einen kleinen Abriß von der Geschichte.

O liebste Mutter, rief das Kind, wo haben sie das alles gelernet?

Aus Büchern, sagte sie, mein Kind.

Aus Büchern? versetzte das Kind: So geben sie mir doch geschwind alle die Bücher, wo dergleichen steht.

Ja sagete sie, du mußt erst recht lesen können, wenn du diese Bücher willst lesen verstehen lernen.

O! rief es aus, so will ich dann allen möglichen Fleiß anwenden, um lesen zu lernen.

Es hielt Wort, und war bald im Stande, sich selbst aus guten Büchern zu unterrichten.

Das fromme Kind.

Der kleine Joseph, welcher täglich sah, daß seine Aeltern früh und Abends, vor und nach dem Tische zu Gott beteten, fragete sie, warum sie das thäten? Man antwortete ihm: weil Gott der Schöpfer und Erhalter aller Dinge ist. Man erklärete ihm dieses, so viel es sein noch schwacher Verstand erlaubete.

Sorget dann auch Gott für die kleinen Kinder? fragte er weiter. Man versicherte ihn, daß diese seines vorzüglichen Schutzes genößen.

Also, versetzte er, bin ich ihm auch wohl Liebe und Dank schuldig? Denn Sie, meine lieben Aeltern! haben mich gelehret, daß man gegen diejenigen dankbar seyn müsse, die uns Gutes thun: und ich fühle es auch, daß ich Sie lieb habe, weil sie mir so viel Gutes erweisen, wofür ich Ihnen mit Freuden danke.

Allerdings, antworteten sie, und dieß um so vielmehr, da wir selbst erst alles Gute, was wir dir erweisen können, von Gott haben, und darum bitten wir ihn täglich in unserm Gebete.

Je nun, fuhr das Kind fort, so känn ich ja auch bitten; O um wie vielerlei will ich ihn nicht

 bit-

bitten! Gibt er mir denn alles gleich, was ich nur haben will?

Nein, sageten die Aeltern, weil du oft um Dinge bitten würdest, die dir schädlich seyn könnten: erwachsene Menschen selbst wissen nicht allezeit, was ihnen gut ist. Sie zeigeten ihm solches durch Beispiele. Das Kind begriff dieses leicht; fragete aber: was es dann also von Gott bitten könne?

Sie antworteten ihm: Du kannst ihn um Weisheit und Verstand, und um ein gutes frommes Herz bitten. In Ansehung der übrigen Dinge aber mußt du nur Gott um das bitten, was er dir zu geben für gut hält.

Dieß that der kleine Joseph, arbeitete beständig an seiner Besserung, und nahm täglich eben so an Weisheit, wie an Alter zu, so daß er hernach Gott zu ehren, und seinen Aeltern zur Freude lebete.

Das haushälterische Kind.

Ein Vater gab seinen Kindern bisweilen einige Groschen Geld, und ließ ihnen den freyen Gebrauch desselben.

Ein Paar davon, ob es ihnen gleich an nichts fehlete, kaufeten dafür mancherlei Näschereyen, stopften sich den Magen voll, und hatten immer nichts in ihrer Tasche.

Zwey andere huben es sorgfältig auf, und ihr einziges Vergnügen war, daß sie es den Tag zwanzigmal überzählten.

Ein einziger Knab sammelte sich so viel, bis er sich ein Stockband, einen Kupferstich, eine Landkarkarte, ein Büchlein, oder sonst etwas nützliches dafür kaufen konnte: überdieß gab er bisweilen einem Armen davon, oder machete einem seiner Gespielen ein kleines Geschenk.

Der Vater, der sorgfältig darauf Achtung gab, was für einen Gebrauch sie davon macheten, sagete zu ihnen, als sie einst beisammen waren: Ich finde, meine lieben Kinder! daß ihr euer Geld nicht gleich gut angewandt habet.

Ihr, die ihr euer Geld für Näschereyen ausgegeben, was habet ihr itzt? euer Vergnügen ist mit dem Augenblicke verschwunden, da ihr es genossen habet: ja ihr habet euch vielleicht noch Schaden damit gethan, indem ihr euch den Magen verderbt, und euch also das Vergnügen, daß ihr gehoffet, verbittert habet.

Ihr im Gegentheile, die ihr es noch habet, seyd dadurch nichts gebessert worden. Denn es wäre eben das, wenn ihr es nicht hättet. Ich gab es euch, damit ihr euch ein Vergnügen machen solltet, und ihr habet das Geld blos um es zu haben: Dieß heißt aber Geiz, und ist ein abscheuliches Laster.

Du allein, mein Sohn! hast dein Geld gut angewandt, indem du dir Dinge dafür geschaffet, die dir ein dauerhaftes Vergnügen machen, und indem du andern damit Gutes erwiesen hast. Dieß ist aber die eigentliche Absicht des Geldes. Nur durch den guten Gebrauch hat es einigen Werth. Ein übler Gebrauch aber machet es mehr schädlich als nützlich. Man muß also weder geizig noch verschwenderisch seyn, sondern sich und andern mit seinem Gelde Nutzen schaffen.

Der Vater und der Sohn.

Ein Vater sprach einst zu seinem Sohne Wilhelm. „Mein Sohn, du hast itzt eben gebetet, Gott möchte die Speise, die er gegeben „hatte, segnen und uns gedeihen lassen. Hat „denn Gott Speisen gegeben?

Wilhelm. Ja! Vater.

Vater. Ich denke, wir haben sie uns durch Arbeit verschaffet, und deine Mutter hat sie gekochet und auf den Tisch gebracht.

Wilhelm. Aber wir konnten sie doch nicht wachsen lassen; wir konnten dazu keinen Regen und Sonnenschein schaffen, uns auch die Gesundheit nicht selbst geben, die zur Bearbeitung der Erde nöthig war; wir konnten auch kein Wasser und Feuer zum Kochen schaffen, oder Holz so einrichten, daß es brennt.

Vater. Sollten deine Kleider auch wohl eine Gabe Gottes seyn? Die kann man ja kaufen —

Wilhelm. Eben auch, lieber Vater. Denn sie sind entweder von Leinen, oder Wolle. Nun wächst der Flachs, wie das Getreid auf der Erde, und die Wolle kömmt von den Schafen, die sich von dem, was aus der Erde wächst, ernähren. Dieser Wachsthum aber ist eine Gabe Gottes! Und hätten wir kein Geld durch die Arbeit mit gesunden Gliedern verdienen können; so könnten wir auch nichts kaufen. Alles Gute kömmt von Gott.

Vater. Aber gibt Gott dergleichen mittelbar, oder unmittelbar? und muß der Mensch auch etwas dabei thun?

Wil-

Wilhelm. Gott gibt uns das Gute mittelbar, oder durch Mittelursachen, wie hier Regen und Sonnenschein, Gras und Getreid sind. Und dazu gehöret die fleißige und beständige Arbeit des Menschen nothwendig mit. Aber Gott gibt Segen und Gedeihen zur Arbeit, besonders wenn wir fromm sind.

Da freuete sich der Vater über seinen verständigen Sohn. Er küßte und segnete ihn.

„Gott hat dir„, sprach er, „viel Erkenntniß „gegeben, mein Sohn! Hilf nun, so viel du kannst „daß das Gute, was du weißt, bekannter und „immer mehr ausgebreitet werde.“

Gott hat alles weislich geordnet und eingerichtet. Er ist ein Gott der Ordnung, und regieret, als die erste Ursache alles, was er gemacht hat, unmittelbar oder durch Mittelursachen. Wer die Ordnung in allen Sachen liebet, der gefällt Gott.

Die Mutter und das Kind.

Der kleine Joseph bat seine Mutter um Brod; da entstand unter ihnen folgendes Gespräch:

Die Mutter. Ja, mein Sohn ich will dir geben, aber weißt du wohl, woher das Brod kömmt?

Joseph. Ihr habet es gebacken, liebe Mutter.

Die Mutter. Ja! Ich nahm Mehl und Wasser, rührte, und säuerte es mit Sauerteig, daß es aufging, und knetete den Teig; alsdann war Holz nöthig, den Backofen zu heizen, und als dieser gehörig warm war, da hab ich den Teig gebacken; und es ward daraus eßbares, und gesundes

Brod. Sieh, mein liebes Kind, so viel gehöret dazu, damit aus Mehl Brod wird. Aber wo kömmt denn das Mehl her?

Joseph. Aus Korn. Der Müller machet es auf der Mühle.

Die Mutter. Wo kömmt denn das Korn her?

Joseph. Das wächst aus der Erde. Mein Vater hat es gesäet.

Die Mutter. Nicht allein gesäet, sondern dein Vater hat erst das Land gepflüget, gedünget und dann den Samen hineingesäet, und ihn untergepflüget oder eingeegget. Ist aber nun alles geschehen, mein Sohn?

Joseph. Nein, liebe Mutter, mein Vater hat das Korn zusammengetragen, geharket, eingebunden, in die Scheuer gebracht, und ausgedroschen.

Die Mutter. Ganz recht, mein Sohn. Aber wer hat es denn gemachet daß der Samen aufging und fortwuchs, wer gab dazu Thau und Regen? Und wer ließ die Sonne scheinen, damit das Korn reif werden konnte? Wer gab Gesundheit und Sicherheit zu unsrer Arbeit? Wer beschützete unser Haus und Feld vor verderblichem Wetter? Dieses alles konnte weder dein Vater, noch sonst irgend ein Mensch machen. Aber sieh, mein Kind, alle Menschen haben einen grossen unsichtbaren Vater; der sie sehr lieb hat und für sie sorget. Gott ist sein Namen. Dieser Gott aber, dieser unsichtbare Vater, thut zu unserem Beßten, was wir Menschen nicht thun können, weil wir zu schwach dazu sind. Unser Leben, und alles Gute, was wir haben, das haben wir von ihm. Auch dieses Brod hättest du du nicht, mein Kind, wenn Gott es nicht gäbe. Er verlanget von uns für alle diese Wohlthaten nichts, als daß wir ihn durch Gehorsam ehren, lieben, und uns über ihn freuen sollen. Wenn du willst, will ich dir künftig noch mehr von Gott erzählen. Erinnere mich daran.

Joseph. O ja, liebe Mutter! das will ich gern thun.

Der nachläßige und boshafte Schulknab.

Es war einmal ein Knab, mit Namen Peter, der wollte nichts lernen; weil er auf nichts Achtung gab. Er wollte nicht einmal gern in die Schule gehen. Die Aeltern mußten ihn immer vor sich her in die Schule treiben; wie man ein Thier vor sich her treibt. Da seufzeten die Aeltern oft über Petern, und sageten: „Du böses Kind! aus dir wird nichts Gutes“ — In der Schule hatte der Schulmeister seine Noth mit dem Knaben. Entweder er saß nicht still, und hinderte die andern Kinder; oder er gab nicht Achtung, und war nicht aufmerksam auf das, was der Schulmeister lehrete. Erst ermahnte ihn der Schulmeister mit aller Güte; als aber das nicht half; so strafete er ihn hart mit allerlei Strafen, die sehr weh thaten. Er blieb aber, wie er war. Da rief denn der Schulmeister oft in Unwillen über seine bösen Streiche: Peter! „dir wird es dein Lebtag nicht wohl gehen„! was geschah, als der Knab älter und stärker ward, da wollte er niemanden gehorchen, und sich keiner Ordnung unterwerfen. Er dienete bei vielen Herren; aber keiner konnte mit ihm fertig werden. Endlich bestahl er seinen Herrn; und da ihn dieser dabei ertappete: so wehrete er sich, und schlug seinen Herrn so, daß er daran sterben mußte. Er wollte davon laufen; aber er ward ergriffen und gefangen gesetzet. Die Obrigkeit ließ ihm, andern bösen Buben zum Schrecken, alle Glieder bei lebendigem Leibe zerschlagen, und ihn tödten, seinen Körper aber auf das Rad legen, wo ihn die Raben frassen.

Hätte dieser Mensch nicht in der Jugend seinen Aeltern und Lehrern so viel Verdruß gemachet, so hätten sie nicht über ihn geseufzet und ihn verwünschet. Es traf bei ihm ein, was Aeltern und Lehrer sageten. Denn es ward nichts Gutes aus ihm; es ging ihm sein Lebetag nicht wohl; und er nahm ein schlechtes End.

Von Nutzen des Lesens und Schreibens.

Ein verschuldeter, aber arglistiger Bürger erfuhr, daß Hans, der weder schreiben noch lesen konnte, Geld geerbet hätte, und es gern auf Zinsen ausleihen wollte. Er ging also zu Hansen, und versprach ihm sechs Gulden für jedes hundert Gulden jährlich an Zinse zu geben, ihm sein Bräuhaus zu verschreiben, auch das geliehene Geld in einem Jahre wieder zu bezahlen; doch mit dem Bedinge, daß Hans es nicht unter die Leute bringen sollte. Das gefiel Hansen wohl; er holte das Geld nebst Feder, Papier und Tinte. Der Bürger schrieb einen ganzen

Bogen

Bogen voll nichtswürdiger Possen hin, und statt seines Namens einen Namen, den keiner aussprechen konnte. Der Bauer verwahrte diesen Bogen sorgfältig, und der Bürger nahm das Geld. Kurz darauf ging der Bürger in die weite Welt. Laß ihn laufen, sprach Hans, ist mir doch das Bräuhaus verschrieben, und das ist mehr werth, als die Schuld. Da machte sich Hans auf den Weg, und meldete sich bei dem Rathe der Stadt. Aber als er den Bogen in den Gerichten vorzeigte; so ward er abgewiesen, weil nicht ein Wort von einer Schuldverschreibung darauf stand. Des Bürgers anderweite Schulden wurden bezahlet, denn die hatten sich besser als Hans vorgesehen. Nur Hans ging leer aus. Als er nun traurig nach Hause kam, sprach er: ach hätte ich doch schreiben und lesen gelernet! Und von der Zeit an schickete er alle Tage seine Kinder in die Schule, wo sie schreiben und lesen lernen könnten.

§. VIII.

Das verschwiegene Kind.

Ein Mägdchen war eines Tages in einer Gesellschaft von grössern Personen, wo man von verschiedenen Dingen sprach. Man gab auf sie nicht Achtung, und redete von Sachen, von denen man eben nicht gewünscht hätte, an ihr eine Zuhörerinn zu haben. Sie hörete indessen alles; ließ sich aber nichts merken.

Als sie nach Hause kam, fragten sie ihre Schwestern, wer da gewesen wäre. Sie sagte es, weil sie nicht Ursache zu haben glaubte, es zu verschweigen.

Sie fragten hierauf nach ihm und jenem; unter andern aber auch, was ihm wäre gereicht worden? „Fürs erste„, sagte sie, haben sie nicht mit mir geredet. Fürs zweyte, wurde das, was sie zusammen sprachen, so gesagte, daß ich's nicht hören sollte. Würde es also nicht die größte Schwätzhaftigkeit seyn, wenn ich's euch wieder sagte? Ihr würdet es wieder an einem dritten Orte erzählen, und wenn es die Personen, die zugegen waren, wieder erfuhren: so würden sie mich niemals wieder in ihre Gesellschaft lassen.

Der Vater hörte es, und lobte das kluge Mägdchen sehr: denn, sagte er, durch die Verschwiegenheit erspart man sich und andern tausend Verdruß: und Klätschereyen machen uns bei jedermann verhaßt.

Das Gesind.

Ein junges Mägdchen begegnete den Mägden im Hause sehr unbescheiden. Was es von ihnen foderte, geschah in einem gebieterischen Tone. Da hieß es: „gebt mir das, gebt mir jenes; thut mir das, holet mir das; das will ich nicht, und so weiter.“

Die Mägde beschwerten sich endlich darüber bei der Mutter des Kindes. Diese befahl ihnen nichts von allem dem zu thun, was ihr Töchterchen haben wollte, wofern es nicht bittweise geschehe.

Mein kleines Mägdchen erwachte den nächsten Morgen. Sie

rief: „Man sollte sie aus dem Bette nehmen:„ kein Mensch that es. Sie schimpfte, sie schrie, sie weinte [illegible] geschah es. Endlich bat sie: „meine liebe Johannel, ich bitte sie, nehmen sie mich heraus,„ und Johanne that es. Kaum hatte sie dieß erhalten; so fing sie im vorigen Tone an: „Zieht mir Schuhe und Strümpfe an, schnürt mich, gebt das Halstuch her!„ Nichts erfolgte, und sie mußte allezeit bitten, und ersuchen, wenn etwas geschehen sollte.

Kaum war sie endlich mit Mühe und Noth angekleidet so lief sie weinend zur Mutter: aber diese wird sie mit der Ruthe zurück.

Da sie nun nicht weiter konnte, und ihr kein Mensch [illegible]gebeten mehr etwas that, sa[illegible] die Nothwendigkeit ein, dem Gesinde freundlich zu begegnen. Dieses machte sich nun eine Freude daraus, das zu thun, was sie verlangete, und bald wurde sie es also gewohnt, daß sie sich itzt schämen würde, etwas gebietend zu fodern, was sie bittend leichter erhalten kann.

Das

Das furchtsame Kind.

Eine alberne Magd hatte einem Knaben viel abgeschmackte Dinge von einem schwarzen Manne in den Kopf gesetzt, der die Kinder mitnähme. Dieses Kind sah einen alten Rauchfangkehrer ins Haus kommen, welchen es noch nie gesehen hatte. Darüber erschrack es, und lief vor Schrecken in die Küche, sich da zu verstecken. Kaum war es hinein, so war auch schon der schwarze Mann hinter ihm. In voller Angst rannte es zur andern Thüre hinaus in eine Stube und kroch hinter den Ofen. Kaum aber hatte es sich ein wenig

er-

erholt, so hörte es den fürchterlichen Mann dicht neben sich hinter der Wand kratzen.

In neuem Schrecken sprang es aus der Stube und dem Hause hinaus in den Garten, versteckte sich hinter einen Baum, sah mit verstörten Blicken und pochendem Herzen nach allen Seiten um sich, und sieh! da kam plötzlich die schwarze Gestalt oben aus dem Rauchfange hervor.

Nunmehr fing das Kind an, aus allen Kräften um Hilfe zu schreyen. Der Vater kam, und fragete, was ihm fehle? Das Kind wies mit ängstlichen Gebärden auf den Rauchfang; dabei war es so

außer

außer sich, daß er kaum ein Wort vorzubringen vermögend war.

Der Vater lächelte, belehrte den freyherzigen Kleinen, wie wenig Ursache er gehabt habe sich zu ängstigen, und um ihn völlig zu überzeugen, ließ er den Rauchfangkehrer kommen, und sich mit dem Kinde unterreden.

Der Knab schämte sich, und hörte nachher niemals wieder auf die Erzählungen abergläubischer Leute.

§. IX.

Ein Knab, der auf einem Steckenpferde ritt, peitschte immer auf dasselbige los, damit es fortgehen sollte: aber es ging nicht, weil der Knab selbst nicht ging. Ein anderer klügerer Knab sagete; er wolle ihm bald forthelfen, nahm eine Ruthe und schlug jenen unter die Füsse. Da er fort lief, lief sein Pferd auch mit fort.

Du suchst oft, mein Kind, den schlechten Fortgang, den du in deinem Lernen machest, auf etwas auser dir zu schieben: aber du bist selber schuld. Mache nur selbst in deinem Fleisse Schritte, so wird dein Verstand auch weiter kommen.

Ein albener Mensch sagete: er wolle nicht eher ins Wasser gehen, als bis er schwimmen könne. Machest du es besser, mein Kind, wenn du lesen zu können wünschest, und doch nicht zuvor die Buchstaben willst kennen lernen?

Leopold verfolgete einst im Garten einen Schmeterling. Da er diesem überall nachlief, und nicht vor sich sah, fiel er darüber in einen Graben. Der Informator kam dazu, und zeigete ihm, dass derjenige, der mit zu viel Begierde eine Sache verfolget, und nicht die gehörige Vorsicht brauchet, selten das Gesuchte erhält und leicht in Schaden geräth.

Bin ich nicht recht gross? sagte Ludwig, als er hoch auf einer Leiter stand. Sein Bruder rief ihm zu? aber nicht klug; denn, wenn eine Sprosse bricht; so liegst du unten. Er hatte es kaum gesaget, so geschah es. Ludwig fiel herunter und schlug sich das Gesicht, und die Hände wund.

August machte sich einst einen grossen Bart mit Russe. Nun glaubte er, alle Kinder würden sich vor ihm fürchten. Aber als er damit angezogen kam, so entstand ein lautes Gelächter, und er wurde ihr Spott, statt ihr Schrecken zu werden.

Wenn man selber noch Kind ist, muss man sich nicht ein Ansehen geben wollen, das uns nicht ansteht. Durch Klugheit und Tugend kann man noch dem Alter zuvorkommen: aber nicht durch einen aufgeworfenen Mund oder

durch

durch einen falschen Bart, und andere dergleichen Kleinigkeiten.

Der Morgenwunsch eines Kindes.

Vergnügt erwach' ich itzt aufs neu:
Gott lob! noch bin ich Fehler frey:
O möcht ich Abends noch so rein,
Von Fehlern wie des Morgens seyn.

Der Vorsatz.

Weil ich jung bin, soll mein Fleiss
Eifrig sich bestreben,
Dass ich möge, als ein Greis,
Recht zufrieden leben.
Zwar will ich mich jugendlich
Meiner Tage freuen;
Doch nicht also, dass es mich
Darf im Alter reuen.

Wider den Müssiggang.

Kinder, geht zur Biene hin
Seht die kleine Künstlerin,
Wie sie weise sich bemüht,
Und aus allem Nutzen zieht.
Unverdrossen duldet sie
Ihres kurzen Lebens Müh,
Ist geschäftig spät und früh.
Und ich sollte müssig seyn?
Nein, ich will schon jung und klein
Noch geschäftger seyn als sie,

Der Gott nicht Verstand verlieh.
Meiner Jugend erste Zeit
Sey in froher Aemsigkeit
Gott und meinem Glück geweiht.
Nicht zur trägen Weichlichkeit
Gab der Schöpfer mir die Zeit.
Ich empfieng aus seiner Hand
Leben, Kräfte und Verstand.
Nun ich heil'ge sie durch Fleiss,
Grosser Gott! zu deinem Preiss,
Itzt als Jüngling, einst als Greiss.

Die Bitte eines Kindes.

Aller Menschen Vater höre,
Merk auf mich, dein lallend Kind!
Gieb mir deine Kraft, und Lehre
Mich, was deine Wege sind.
Dich zu fürchten, dich zu scheuen,
Dich zu lieben, und in dir
Mich der Schöpfung zu erfreuen,
Mein Gott! diess verleihe mir.
Meinen Eltern Ehre geben,
Ihrem Wink gehorsam seyn.
Dir und Ihnen dankbar leben,
Ohne Tadel fromm und rein,
Vater diess sind meine Pflichten.
Ach, ich wachse; wie ein Baum,
Der gepflanzet war zu Früchten
In des Gartens bestem Raum.
Lass mich gute Früchte tragen!
Herr du prüfest meinen Sinn,
Ob ich in der Zukunft Tagen
Tugendhaft und glücklich bin?

Soll

Soll ich nicht. — O dann erhöre
Mein verdoppelt kindlich Flehn,
Und laſs mich zu deiner Ehre
Unſchuldvoll dein Antlitz ſehn!

Der thörichte Wunſch.

O daſs ich nicht ein Vogel bin
So ſchnell und federleicht,
Der über Berg und Thäler hin
In Augenblicken ſtreicht.
Dann flöh ich über Land und See,
Durchreiſte jeden Ort,
Wär bald im Thal, bald in der Höh,
Bald hier, bald wieder dort,
Dann ſucht ich ſtets den Ort mir aus,
Wo Lenz und Sommer blühn,
Und baute mir mein flüchtig Haus
An ſchönſten Oertern hin.
Bald ſchwüng ich mit der Lerche Schall
In Lüften mich empor:
Bald ſchlüg ich, wie die Nachtigall,
Aus dunkeln Sträuchen vor.
Bald flög ich, wie ein Adler fliegt —
Doch — welch ein Schuſs geſchah?
O weh! ein armer Vogel liegt
In ſeinem Blute da.
Wohl mir! daſs nicht mein Wunſch gelang,
Wie ſollt es mich gereun!
Wie groſs iſt Gott. Gott ſey es Dank
Das Glück ein Menſch zu ſeyn.

Zufriedenheit mit ſeinem Zuſtande.

Du klagſt und fühleſt die Beſchwerden
Des Stands, in dem du dürftig lebſt;
Du ſtrebeſt glücklicher zu werden,
Und ſiehſt, daſs du vergebens ſtrebſt.
Ia, klage! Gott erlaubt die Zähren;
Doch denk im Klagen auch zurück,
Iſt denn das Glück, das wir begehren,
Für uns auch ſtäts ein wahres Glück?
Nie ſchenkt der Stand, nie ſchenken Güter
Dem Menſchen die Zufriedenheit.
Die wahre Ruhe der Gemüther
Iſt Tugend und Genügſamkeit.
Genieſse, was dir Gott beſchieden,
Entbehre gern, was du nicht haſt.
Ein jeder Stand hat ſeinen Frieden,
Ein jeder Stand auch ſeine Laſt.
Gott iſt der Herr, und ſeinen Segen
Vertheilt er ſtäts mit weiſer Hand;
Nicht ſo, wie wir zu wünſchen pflegen,
Doch ſo, wie ers uns heilſam fand.
Willſt du zu denken dich erkühnen,
Daſs ſeine Liebe dich vergiſt?
Er giebt uns mehr, als wir verdienen,
Und niemals was uns ſchädlich iſt.
Verzehre nicht des Lebens Kräfte,
In träger Unzufriedenheit;
Beſorge deines Stands Geſchäffte,
Und nütze deine Lebenszeit.
Bei Pflicht und Fleiſs ſich Gott ergeben;
Ein ewig Glück in Hoffnung ſehn,
Dieſs iſt der Weg zur Ruh, zum Leben.
Herr, lehre dieſen Weg mich gehn!

Mor⸗

Morgengebet.

Im Namen Gott des Vaters ✝, und des Sohnes ✝, und des heiligen Geistes ✝, Amen.

Im Namen meines gekreuzigten Herrn Jesu Christi, stehe ich auf, der mich erlöset hat mit seinem kostbaren Blute; derselbe wolle mich vor allem Uibel behüten, und bewahren an Leib und Seele; wolle mir auch geben, was mich in allem Guten befördern, und bestättigen mag zu dem ewigen Leben. Amen.

Abendgebet.

Ich danke dir, mein himmlischer Vater! der du mich diesen Tag, durch deine Gnade vor allem Uibel behütet hast. Ich bitte dich, du wollest mir alle meine Sünden vergeben, womit ich dich heut beleidiget habe. Ich befehle dir meinen Leib, und meine Seele in deine Hände; dein heiliger Engel sey mit mir, daß der böse Feind keine Macht an mir habe. Amen.

O Jesu! dir lebe ich, O Jesu! dir sterbe ich, O Jesu! dein bin ich tod und lebendig, Amen.

Gebet zu dem englischen Grusse bei dem Läuten.

Frühe und Abends.

1. Der Engel des Herrn brachte Mariä die Botschaft, und sie empfing von dem heiligen Geiste. Gegrüsset seyst du Maria ꝛc.

2. Sieh, ich bin eine Dienerinn des Herrn, mir geschehe nach deinem Worte. Gegrüsset ꝛc.

3. Und das Wort ist Fleisch geworden, und hat in uns gewohnet. Gegrüsset ꝛc.

Gebet vor dem Essen.

Aller Augen warten auf dich o Herr! und du gibst ihnen Speise und Trank zu seiner Zeit, du thust deine milde Hand auf, und sättigest alles, was da lebet, mit Wohlgefallen, Amen.

Vater unser. Gegrüsset ꝛc.

Herr Gott himmlischer Vater! segne uns, und diese deine Gaben, die wir von deiner milden Güte zu uns nehmen, durch Jesum Christum unsern Herrn, Amen.

Ge-

Gebet nach dem Essen.

Gelobet seyst du Herr himmlischer Vater! der du unsere Leiber gespeiset, und getränket hast mit deinen Gaben, erfülle unsere Herzen mit deiner Gnade, daß wir reichlich zunehmen in allen guten Werken, und nimmer zu Schanden werden vor deinem Angesichte, Amen. Vater unser ꝛc. Gegrüsset ꝛc.

Wir danken dir, Herr himmlischer Vater, durch Jesum Christum deinen geliebten Sohn, unsern Herrn für alle deine Gaben, und Wohlthaten, der du lebest, und regierest in Ewigkeit, Amen.

Gebet.

Bei dem Anfange der Schule, Vormittags.

Komm heiliger Geist! erfülle die Herzen deiner Gläubigen, und entzünde in ihnen das Feuer deiner Liebe; der du die Völker aller Zungen in Einigkeit des Glaubens versammelt hast.

O Gott! der du die Herzen der Gläubigen durch die Erleuchtung des heiligen Geistes gelehret hast; gieb, daß wir in demselben Geiste das, was recht ist, verstehen, und seines Trostes uns allezeit erfreuen mögen; durch Jesum Christum unsern Herrn, Amen.

Vater unser. Gegrüsset seyst du Maria ꝛc.

Gebet.

Bei dem Ende der Schule, Vormittags.

Dank sey dir Herr himmlischer Vater! für das Gute das du uns hier bekannt werden lässest. Wir bitten dich, laß uns das Erlernte zu unserem zeitlichen und ewigen Wohl gereichen: wir bitten dich auch, daß du deinen Segen über unseren Landesfürsten, über unsere Aeltern, Lehrer und Gutthäter ausgießen, daß du ihnen das Gute reichlich vergelten wollest, zu dem sie uns anführen. Laß es ihnen und allen Menschen dafür wohlgehen, durch Jesum Christum unsern Herrn, Amen.

Gebet.

Vor der Schule, Nachmittags.

Komm heiliger Geist zu verbreiten
Uiber uns dein Gnadenlicht;
Daß wir immer weiter schreiten,
In Erlernung unserer Pflicht;
Mache uns zum Lernen Lust;
Hilf, daß wir in unserer Brust,
Das Erlernte wohl behalten,
Und im Guten nicht erkalten.

Vater unser, Gegrüsset ꝛc.

Gebet nach der Schule, Nachmittags.

Vater! segne diese Lehren,
Die du durch des Lehrers Mund
Deinen Kindern machest kund,
Uns zum Heil und dir zu Ehren.
Präge sie durch deinen Geist
Tief ins Herz, daß wir im Leben
Stets zu handeln uns bestreben,
So wie dein Gebot uns heißt.

Vater unser, Gegrüsset rc.

§. X.

Zahlen.

1.	I	eins
2.	II	zwey
3.	III	drey
4.	IV	vier
5.	V	fünf
6.	VI	sechs
7.	VII	sieben
8.	VIII	acht
9.	IX	neun
10.	X	zehn
11.	XI	eilf
12.	XII	zwölf
13.	XIII	dreyzehn
14.	XIV	vierzehn
15.	XV	fünfzehn
16.	XVI	sechzehn
17.	XVII	siebenzehn
18.	XVIII	achtzehn
19.	XIX	neunzehn
20.	XX	zwanzig
21.	XXI	ein und zwanzig
30.	XXX	dreyßig
32.	XXXII	zwey und dreyßig
40.	XL	vierzig
43.	XLIII	drey und vierzig
50.	L	fünfzig
54.	LIV	vier und fünfzig
60.	LX	sechzig
65.	LXV	fünf und sechzig
70.	LXX	siebenzig
76.	LXXVI	sechs und siebenzig
80.	LXXX	achtzig
87.	LXXXVII	sieben und achtzig
90.	XC	neunzig
98.	XCVIII	acht und neunzig
100.	C	hundert
101.	CI	hundert eins
200.	CC	zwey hundert
500.	D	fünf hundert
1000.	M	tausend

1779. MDCCLXXIX. ein tausend sieben hundert neun und siebenzig.

Der

Der kleine

Katechismus.

Einleitung.

Fr. Was heißt Katechismus?

A. Katechismus heißt der Unterricht in der christkatholischen Lehre; so heißt auch insgemein das Buch, in dem dieser Unterricht enthalten ist.

Fr. In wie viel Hauptstücken wird die christkatholische Lehre in diesem Katechismus vorgetragen?

A. Die christkatholische Lehre wird in diesem Katechismus in 5. Hauptstücken und einem Anhange vorgetragen.

Erstes Hauptstück.

Von dem Glauben.

Fr. Was heißt christkatholisch glauben?

A. Christkatholisch glauben heißt alles für wahr halten, was Gott geoffenbaret hat, und was die Kirche zu glauben vorstellet, es sey geschrieben oder nicht.

Fr. Was muß jeder Mensch, wenn er zum Gebrauche der Vernunft kömmt, nothwendig wissen und glauben, um selig zu werden?

A. Jeder Mensch muß, wenn er zum Gebrauche der Vernunft kömmt, um selig zu werden, nothwendig wissen und glauben:

1. Daß ein Gott ist. 2. Daß Gott ein gerechter Richter ist, welcher das Gute belohnet, und das

Bö-

Böse bestraffet. 3. Daß drey göttliche Personen einer Wesenheit und Natur sind: der Vater, der Sohn, und der heilige Geist. 4. Daß die zweyte göttliche Person ist Mensch geworden, um uns durch den Tod am Kreuze zu erlösen, und ewig selig zu machen.

Fr. Welche Wahrheiten hat jeder katholischer Christ (nebst den obigen Grundlehren des christkatholischen Glaubens) noch zu wissen und zu glauben?

A. Jeder katholischer Christ hat (nebst den obigen Grundlehren des katholischen Glaubens) noch zu wissen und zu glauben,

1. Daß die Seele des Menschen unsterblich ist.
2. Daß die Gnade Gottes zur Seligkeit nothwendig ist, und daß der Mensch ohne die Gnade nichts verdienstliches zum ewigen Leben wirken könne.

Fr. Was ist jedem katholischen Christen geboten zu wissen?

A. Jedem katholischen Christen ist gebotē zu wissen:

1. Das apostolische Glaubensbekenntniß.
2. Das Gebet des Herrn.
3. Die zehn Gebote Gottes, und die fünf Gebote der Kirche. 4. Die sieben heiligen Sakramente. 5. Die christliche Gerechtigkeit.

Fr. Wie lautet das apostolische Glaubensbekenntniß?

A. Das apostolische Glaubensbekenntniß lautet also: Ich glaube an Gott den Vater, allmächtigen Schöpfer Himmels und der Erde. Und an Jesum Christum seinen eingebornen Sohn, unsern Herrn. Der empfangen ist von dem heiligen Geiste, geboren aus Maria

ria der Jungfrau. Gelitten unter Pontio Pilato, gekreuziget, gestorben und begraben. Abgestiegen zu der Hölle, am dritten Tage wieder auferstanden von den Todten. Aufgefahren in den Himmel, sitzt zu der rechten Hand Gottes, des allmächtigen Vaters. Von dannen er kommen wird zu richten die Lebendigen und die Todten. Ich glaube an den heiligen Geist. Eine heilige allgemeine christliche Kirche, Gemeinschaft der Heiligen. Ablaß der Sünden. Auferstehung des Fleisches. Und ein ewiges Leben. Amen.

Fr. Ist mehr als ein Gott?

A. Es ist nur ein Gott.

Fr. Was ist Gott?

A. Gott ist von sich selbst das allervollkommenste Wesen.

Fr. Sind mehr göttliche Personen?

A. Es sind drey göttliche Personen.

Fr. Wie heißen die drey göttlichen Personen?

A. Die erste göttliche Person heißt der Vater; die zweyte der Sohn; die dritte der heilige Geist.

Fr. Wie nennet man die drey göttlichen Personen zusammen?

A. Die drey göttlichen Personen zusammen nennet man die allerheiligste Dreyfaltigkeit.

Fr. Wodurch bekennet der katholische Christ die allerheiligste Dreyfaltigkeit?

A. Der katholische Christ bekennet die allerheiligste Dreyfaltigkeit durch das Zeichen des heiligen Kreuzes; da er bei dem Kreuzmachen jede diese drey göttlichen Personen nennet.

Fr. Was bekennet der katholische Christ noch mehr durch das Zeichen des heiligen Kreuzes?

A. Der katholische Christ bekennet auch durch das Zeichen des heiligen Kreuzes, daß Jesus Christus, da er am Kreuze gestorben ist, uns durch seinen Tod erlöset hat.

Fr. Wie machet man das Kreuz?

A. Das Kreuz machet man mit der rechten Hand, indem man damit die Stirne, den Mund und die Brust bezeichnet, und saget: Im Namen Gott des Vaters †, und des Sohns †, und des heiligen Geistes †, Amen.

Zweytes Hauptstück.

Von der Hoffnung.

Fr. Was heißt christlich hoffen?

A. Christlich hoffen heißt von Gott zuversichtlich erwarten, was er uns versprochen hat.

Fr. Was hoffen wir von Gott?

A. Wir hoffen von Gott das ewige Leben, das ist: die ewige Seligkeit, und die Mittel solche zu erlangen.

Fr. Wodurch wird die christliche Hoffnung geübet?

A. Die christliche Hoffnung wird hauptsächlich durch das Gebet geübet.

Fr. Worin besteht das Gebet?

A. Das Gebet besteht in Erhebung des Geistes zu Gott.

Fr. Ist man schuldig zu beten?

A. Man ist schuldig zu beten; denn das Beten ist eine der vornehmsten Pflichten unserer Religion

Fr. Wer hat uns beten gelehret?

A. Christus unser Herr hat uns beten gelehret.

Fr.

Fr. Wodurch lehrete uns Christus beten?

A. Christus lehrete uns durch das Vater unser beten, welches auch das Gebet des Herrn heißt.

Fr. Wie lautet das Vater unser?

A. Das Vater unser lautet also: Vater unser, der du bist in dem Himmel. Geheiliget werde dein Namen. Zukomme uns dein Reich. Dein Willen geschehe wie im Himmel, also auch auf Erden. Gieb uns heut unser tägliches Brod. Und vergieb uns unsere Schulden, als auch wir vergeben unsern Schuldigern. Und führe uns nicht in Versuchung. Sondern erlöse uns von dem Uibel. Amen.

Fr. Was für ein Gebet verbinden katholische Christen gemeiniglich mit dem Vater unser?

A. Katholische Christen verbinden gemeiniglich mit dem Vater unser den englischen Gruß.

Fr. Wie lautet der englische Gruß?

A. Der englische Gruß lautet also: Gegrüsset seyst du Maria, voll der Gnaden, der Herr ist mit dir. Du bist gebenedeyet unter den Weibern, und gebenedeyet ist die Frucht deines Leibes Jesus. Heilige Maria Mutter Gottes, bitt für uns arme Sünder, izt und in der Stunde unsers Absterbens. Amen.

Drittes Hauptstück.

Von der Liebe.

Fr. Was heißt christlich lieben?

A. Christlich lieben heißt Gott als das höchste Gut wegen seiner selbst, und den Nächsten wegen Gott lieben; wegen Gott alles gern thun, was er befohlen hat.

Fr. Was heißt den Nächsten lieben?

A. Den Nächsten lieben heißt: den Nächsten wohlwollen, ihm das thun, was ihm angenehm, und nützlich ist, alles unterlassen, was ihm unangenehm und nachtheilig ist.

Fr. Wie beweiset man die Liebe gegen Gott und den Nächsten?

A. Man beweiset die Liebe gegen Gott und den Nächsten durch Haltung der zehn Gebote.

Fr. Welche sind die zehn Gebote Gottes?

A. Nach dem wesentlichen Inhalte sind die zehn Gebote Gottes folgende:

1. Du sollst allein an einen Gott glauben.
2. Du sollst den Namen deines Gottes nicht eitel nennen.
3. Du sollst den Feyertag heiligen.
4. Du sollst deinen Vater und Mutter ehren, auf daß du lange lebest, und es dir wohl gehe auf Erden.
5. Du sollst nicht tödten.
6. Du sollst nicht Unkeuschheit treiben.
7. Du sollst nicht stehlen.
8. Du sollst kein falsches Zeugniß geben wider deinen Nächsten.
9. Du sollst nicht begehren deines Nächsten Hausfrau.
10. Du sollst nicht begehren deines Nächsten Gut.

Fr. Was enthalten die zehn Gebote Gottes?

A. Die ersten drey Gebote enthalten die Pflichten gegen Gott, die sieben andern die Pflichten gegen den Nächsten.

Fr. Wo findet man den Inhalt der zehn Gebote kurz beisammen?

A.

A. Den Inhalt der zehn Gebote findet man kurz in den zweyen Geboten der Liebe beisammen.

Fr. Welches ist das erste Gebot der Liebe?

A. Das erste Gebot der Liebe ist: Du sollst Gott deinen Herrn lieben aus ganzem deinem Herzen, aus ganzer deiner Seele, aus deinem ganzen Gemüthe, und aus allen deinen Kräften.

Fr. Welches ist das zweyte Gebot der Liebe?

A. Das zweyte Gebot der Liebe ist: Du sollst deinen Nächsten lieben, wie dich selbst.

Fr. Wie erklärte Christus das Gebot der Liebe des Nächsten?

A. Christus erklärte das Gebot der Liebe des Nächsten mit folgenden Worten: Thut den Menschen alles, was ihr wollet, daß sie euch thun sollen: denn das ist, was das Gesetz und die Propheten lehren.

Fr. Hat die katholische Kirche auch Gebote gegeben?

A. Die katholische Kirche hat Gebote gegeben.

Fr. Wie viel sind Gebote der Kirche, welche man vorzüglich wissen und beobachten soll?

A. Gebote der Kirche, welche man vorzüglich wissen und beobachten soll, sind folgende fünf:

1. Du sollst die gebotenen Feyertage halten.
2. Du sollst die heilige Messe an Sonn- und Feyertagen mit gebührender Andacht hören.
3. Du sollst die gebotenen Fasttage halten, als die vierzigtägige Fasten, die Quatemberzeiten, und andere gebotene Fasttage, auch sollst du am Freytage und Samstage vom Fleischessen dich enthalten.
4. Du sollst deine Sünden dem verordneten Priester jährlich zum wenigsten einmal beich-

beichten, und um die österliche Zeit das hochwürdigste Sakrament des Altars empfangen

5. Du sollst an verbotenen Zeiten keine Hochzeit halten

Fr. Was ist die heilige Messe?

A. Die heilige Messe ist das unblutige Opfer des neuen Testaments, das immerwährende Denkmal des blutigen Opfers, welches Jesus Christus am Kreuze vollbracht hat.

Fr. Wie soll man die heilige Messe hören?

A. Man soll die heilige Messe ganz hören, keinen beträchtlichen Theil derselben aus eigener Schuld versäumen; es ist nicht genug nur gegenwärtig zu seyn, da diese gelesen wird, man muß sie: 1. aufmerksam, 2. ehrerbietig, 3. andächtig hören.

Fr. Welche sind die vornehmsten Theile der heiligen Messe?

A. Die vornehmsten Theile der heiligen Messe sind: Das Evangelium, Offertorium, die Wandlung, und Kommunion.

Fr. Was gehöret noch zum Gottesdienste?

A. Die Predigt, das Anhören des Wortes Gottes gehöret auch zum Gottesdienste.

Viertes Hauptstück.

Von den heiligen Sakramenten.

Fr. Was ist ein Sakrament?

A. Ein Sakrament ist ein sichtbares Zeichen der unsichtbaren Gnade, welches von Christo dem Herrn zu unserer Heiligung eingesetzet ist.

Fr. Wie viel sind Sakramente und wie heissen sie?

A. Es sind sieben Sakramente, sie heißen:

1. Die

1. Die Taufe. 2. Die Firmung. 3. Das Sakrament des Altars. 4. Die Busse. 5. Die letzte Oelung. 6. Die Priesterweihe. 7. Die Ehe.

Fünftes Hauptstück.

Von der christlichen Gerechtigkeit;

Fr. Was ist die christliche Gerechtigkeit?

A. Die christliche Gerechtigkeit ist, daß man das Böse meide, und das Gute thue.

Erster Theil der christlichen Gerechtigkeit: Meide das Böse.

Fr. Was ist das Böse?

A. Das wahre und einzige Böse oder Uibel ist die Sünde.

Fr. Was ist die Sünde überhaupt?

A. Die Sünde überhaupt ist eine freywillige Uibertretung des göttlichen Gesetzes.

Fr. Wie vielerlei ist die Sünde?

A. Die Sünde ist zweyerlei: 1tens die Erbsünde; 2tens die wirkliche Sünde.

Fr. Was ist die Erbsünde?

A. Die Erbsünde ist jene Sünde, welche Adam im Paradeise, und wir in Adam begangen, und die wir von ihm ererbet haben.

Fr. Was ist die wirkliche Sünde?

A. Die wirkliche Sünde ist eine Uibertretung des göttlichen Gesetzes, welche der Sünder selbst freywillig begeht.

Fr. Wie wird die wirkliche oder persönliche Sünde begangen?

A. Die wirkliche oder persönliche Sünde wird begangen mit Gedanken, Worten, und Werken oder Unterlassung dessen, was man zu thun schuldig ist.

§. X.

Zahlen.

1.	I	eins	17.	XVII	siebenzehn
2.	II	zwey	18.	XVIII	achtzehn
3.	III	drey	19.	XIX	neunzehn
4.	IV	vier	20.	XX	zwanzig
5.	V	fünf	21.	XXI	ein und zwanzig
6.	VI	sechs	30.	XXX	dreyßig
7.	VII	sieben	32.	XXXII	zwey und dreyßig
8.	VIII	acht	40.	XL	vierzig
9.	IX	neun	43.	XLIII	drey und vierzig
10.	X	zehn	50.	L	fünfzig
11.	XI	eilf	54.	LIV	vier und fünfzig
12.	XII	zwölf	60.	LX	sechzig
13.	XIII	dreyzehn	65.	LXV	fünf und sechzig
14.	XIV	vierzehn	70.	LXX	siebenzig
15.	XV	fünfzehn	76.	LXXVI	sechs und siebenzig
16.	XVI	sechzehn	80.	LXXX	achtzig

87.	LXXXVII	sieben und achtzig
90.	XC	neunzig
98.	XCVIII	acht und neunzig
100.	C	hundert
101.	CI	hundert eins
200.	CC	zwey hundert
500.	D	fünf hundert
1000.	M	tausend

1779. MDCCLXXIX. ein tausend sieben hundert neun und siebenzig.

Der

Der kleine

Katechismus.

Einleitung.

Fr. Was heißt Katechismus?

A. Katechismus heißt der Unterricht in der christkatholischen Lehre; so heißt auch insgemein das Buch, in dem dieser Unterricht enthalten ist.

Fr. In wie viel Hauptstücken wird die christkatholische Lehre in diesem Katechismus vorgetragen?

A. Die christkatholische Lehre wird in diesem Katechismus in 5. Hauptstücken und einem Anhange vorgetragen.

Erstes Hauptstück.

Von dem Glauben.

Fr. Was heißt christkatholisch glauben?

A. Christkatholisch glauben heißt alles für wahr halten, was Gott geoffenbaret hat, und was die Kirche zu glauben vorstellet, es sey geschrieben oder nicht.

Fr. Was muß jeder Mensch, wenn er zum Gebrauche der Vernunft kömmt, nothwendig wissen und glauben, um selig zu werden?

A. Jeder Mensch muß, wenn er zum Gebrauche der Vernunft kömmt, um selig zu werden, nothwendig wissen und glauben:

1. Daß ein Gott ist. 2. Daß Gott ein gerechter Richter ist, welcher das Gute belohnet, und das

Böria der Jungfrau. Gelitten unter Pontio Pilato, gekreuziget, gestorben und begraben. Abgestiegen zu der Hölle, am dritten Tage wieder auferstanden von den Todten. Aufgefahren in den Himmel, sitzt zu der rechten Hand Gottes, des allmächtigen Vaters. Von dannen er kommen wird zu richten die Lebendigen und die Todten. Ich glaube an den heiligen Geist. Eine heilige allgemeine christliche Kirche, Gemeinschaft der Heiligen. Ablaß der Sünden. Auferstehung des Fleisches. Und ein ewiges Leben. Amen.

Fr. Ist mehr als ein Gott?

A. Es ist nur ein Gott.

Fr. Was ist Gott?

A. Gott ist von sich selbst das allervollkommenste Wesen.

Fr. Sind mehr göttliche Personen?

A. Es sind drey göttliche Personen.

Fr. Wie heissen die drey göttlichen Personen?

A. Die erste göttliche Person heißt der Vater; die zweyte der Sohn; die dritte der heilige Geist.

Fr. Wie nennet man die drey göttlichen Personen zusammen?

A. Die drey göttlichen Personen zusammen nennet man die allerheiligste Dreyfaltigkeit.

Fr. Wodurch bekennet der katholische Christ die allerheiligste Dreyfaltigkeit?

A. Der katholische Christ bekennet die allerheiligste Dreyfaltigkeit durch das Zeichen des heiligen Kreuzes; da er bei dem Kreuzmachen jede diese drey göttlichen Personen nennet.

Fr. Was bekennet der katholische Christ noch mehr durch das Zeichen des heiligen Kreuzes?

A. Der katholische Christ bekennet auch durch das Zeichen des heiligen Kreuzes, daß Jesus Christus, da er am Kreuze gestorben ist, uns durch seinen Tod erlöset hat.

Fr. Wie machet man das Kreuz?

A. Das Kreuz machet man mit der rechten Hand, indem man damit die Stirne, den Mund und die Brust bezeichnet, und saget: Im Namen Gott des Vaters †, und des Sohns †, und des heiligen Geistes †, Amen.

Zweytes Hauptstück.

Von der Hoffnung.

Fr. Was heißt christlich hoffen?

A. Christlich hoffen heißt von Gott zuversichtlich erwarten, was er uns versprochen hat.

Fr. Was hoffen wir von Gott?

A. Wir hoffen von Gott das ewige Leben, das ist: die ewige Seligkeit, und die Mittel solche zu erlangen.

Fr. Wodurch wird die christliche Hoffnung geübet?

A. Die christliche Hoffnung wird hauptsächlich durch das Gebet geübet.

Fr. Worin besteht das Gebet?

A. Das Gebet besteht in Erhebung des Geistes zu Gott.

Fr. Ist man schuldig zu beten?

A. Man ist schuldig zu beten; denn das Beten ist eine der vornehmsten Pflichten unserer Religion

Fr. Wer hat uns beten gelehret?

A. Christus unser Herr hat uns beten gelehret.

Fr.

Fr. Wodurch lehrete uns Christus beten?

A. Christus lehrete uns durch das Vater unser beten, welches auch das Gebet des Herrn heißt.

Fr. Wie lautet das Vater unser?

A. Das Vater unser lautet also: Vater unser, der du bist in dem Himmel. Geheiliget werde dein Namen. Zukomme uns dein Reich. Dein Willen geschehe wie im Himmel, also auch auf Erden. Gieb uns heut unser tägliches Brod. Und vergieb uns unsere Schulden, als auch wir vergeben unsern Schuldigern. Und führe uns nicht in Versuchung. Sondern erlöse uns von dem Uibel. Amen.

Fr. Was für ein Gebet verbinden katholische Christen gemeiniglich mit dem Vater unser?

A. Katholische Christen verbinden gemeiniglich mit dem Vater unser den englischen Gruß.

Fr. Wie lautet der englische Gruß?

A. Der englische Gruß lautet also: Gegrüsset seyst du Maria, voll der Gnaden, der Herr ist mit dir. Du bist gebenedeyet unter den Weibern, und gebenedeyet ist die Frucht deines Leibes Jesus. Heilige Maria Mutter Gottes, bitt für uns arme Sünder, izt und in der Stunde unsers Absterbens. Am.

Drittes Hauptstück.

Von der Liebe.

Fr. Was heißt christlich lieben?

A. Christlich lieben heißt Gott als das höchste Gut wegen seiner selbst, und den Nächsten wegen Gott lieben; wegen Gott alles gern thun, was er befohlen hat.

Fr. Was heißt den Nächsten lieben?

A. Den Nächsten lieben heißt: den Nächsten wohlwollen, ihm das thun, was ihm angenehm, und nützlich ist, alles unterlassen, was ihm unangenehm und nachtheilig ist.

Fr. Wie beweiset man die Liebe gegen Gott und den Nächsten?

A. Man beweiset die Liebe gegen Gott und den Nächsten durch Haltung der zehn Gebote.

Fr. Welche sind die zehn Gebote Gottes?

A. Nach dem wesentlichen Inhalte sind die zehn Gebote Gottes folgende:

1. Du sollst allein an einen Gott glauben.
2. Du sollst den Namen deines Gottes nicht eitel nennen.
3. Du sollst den Feyertag heiligen.
4. Du sollst deinen Vater und Mutter ehren, auf daß du lange lebest, und es dir wohl gehe auf Erden.
5. Du sollst nicht tödten.
6. Du sollst nicht Unkeuschheit treiben.
7. Du sollst nicht stehlen.
8. Du sollst kein falsches Zeugniß geben wider deinen Nächsten.
9. Du sollst nicht begehren deines Nächsten Hausfrau.
10. Du sollst nicht begehren deines Nächsten Gut.

Fr. Was enthalten die zehn Gebote Gottes?

A. Die ersten drey Gebote enthalten die Pflichten gegen Gott, die sieben andern die Pflichten gegen den Nächsten.

Fr. Wo findet man den Inhalt der zehn Gebote kurz beisammen?

A.

A. Den Inhalt der zehn Gebote findet man kurz in den zweyen Geboten der Liebe beisammen.

Fr. Welches ist das erste Gebot der Liebe?

A. Das erste Gebot der Liebe ist: Du sollst Gott deinen Herrn lieben aus ganzem deinem Herzen, aus ganzer deiner Seele, aus deinem ganzen Gemüthe, und aus allen deinen Kräften.

Fr. Welches ist das zweyte Gebot der Liebe?

A. Das zweyte Gebot der Liebe ist: Du sollst deinen Nächsten lieben, wie dich selbst.

Fr. Wie erklärte Christus das Gebot der Liebe des Nächsten?

A. Christus erklärte das Gebot der Liebe des Nächsten mit folgenden Worten: Thut den Menschen alles, was ihr wollet, daß sie euch thun sollen: denn das ist, was das Gesetz und die Propheten lehren.

Fr. Hat die katholische Kirche auch Gebote gegeben?

A. Die katholische Kirche hat Gebote gegeben.

Fr. Wie viel sind Gebote der Kirche, welche man vorzüglich wissen und beobachten soll?

A. Gebote der Kirche, welche man vorzüglich wissen und beobachten soll, sind folgende fünf:

1. Du sollst die gebotenen Feyertage halten.
2. Du sollst die heilige Messe an Sonn- und Feyertagen mit gebührender Andacht hören.
3. Du sollst die gebotenen Fasttage halten, als die vierzigtägige Fasten, die Quatemberzeiten, und andere gebotene Fasttage, auch sollst du am Freytage und Samstage vom Fleischessen dich enthalten.
4. Du sollst deine Sünden dem verordneten Priester jährlich zum wenigsten einmal beich-

beichten, und um die österliche Zeit das hochwürdigste Sakrament des Altars empfangen

5. Du sollst an verbotenen Zeiten keine Hochzeit halten

Fr. Was ist die heilige Messe?

A. Die heilige Messe ist das unblütige Opfer des neuen Testaments, das immerwährende Denkmal des blutigen Opfers, welches Jesus Christus am Kreuze vollbracht hat.

Fr. Wie soll man die heilige Messe hören?

A. Man soll die heilige Messe ganz hören, keinen beträchtlichen Theil derselben aus eigener Schuld versäumen; es ist nicht genug nur gegenwärtig zu seyn, da diese gelesen wird, man muß sie: 1. aufmerksam, 2. ehrerbietig, 3. andächtig hören.

Fr. Welche sind die vornehmsten Theile der heiligen Messe?

A. Die vornehmsten Theile der heiligen Messe sind: Das Evangelium, Offertorium, die Wandlung, und Kommunion.

Fr. Was gehöret noch zum Gottesdienste?

A. Die Predigt, das Anhören des Wortes Gottes gehöret auch zum Gottesdienste.

Viertes Hauptstück.

Von den heiligen Sakramenten.

Fr. Was ist ein Sakrament?

A. Ein Sakrament ist ein sichtbares Zeichen der unsichtbaren Gnade, welches von Christo dem Herrn zu unserer Heiligung eingesetzet ist.

Fr. Wie viel sind Sakramente und wie heißen sie?

A. Es sind sieben Sakramente, sie heißen:

1. Die

1. Die Taufe. 2. Die Firmung. 3. Das Sakrament des Altars. 4. Die Busse. 5. Die letzte Oelung. 6. Die Priesterweihe. 7. Die Ehe.

Fünftes Hauptstück.

Von der christlichen Gerechtigkeit:

Fr. Was ist die christliche Gerechtigkeit?

A. Die christliche Gerechtigkeit ist, daß man das Böse meide, und das Gute thue.

Erster Theil der christlichen Gerechtigkeit: Meide das Böse.

Fr. Was ist das Böse?

A. Das wahre und einzige Böse oder Uibel ist die Sünde.

Fr. Was ist die Sünde überhaupt?

A. Die Sünde überhaupt ist eine freywillige Uibertretung des göttlichen Gesetzes.

Fr. Wie vielerlei ist die Sünde?

A. Die Sünde ist zweyerlei: 1tens die Erbsünde; 2tens die wirkliche Sünde.

Fr. Was ist die Erbsünde?

A. Die Erbsünde ist jene Sünde, welche Adam im Paradeise, und wir in Adam begangen, und die wir von ihm ererbet haben.

Fr. Was ist die wirkliche Sünde?

A. Die wirkliche Sünde ist eine Uibertretung des göttlichen Gesetzes, welche der Sünder selbst freywillig begeht.

Fr. Wie wird die wirkliche oder persönliche Sünde begangen?

A. Die wirkliche oder persönliche Sünde wird begangen mit Gedanken, Worten, und Werken oder Unterlassung dessen, was man zu thun schuldig ist.

Fr. Was ist für ein Unterschied unter den wirklichen Sünden?

A. Der Unterschied unter den wirklichen Sünden ist dieser: manche Sünden sind schwere, oder Todsünden, andere aber geringe oder läßliche Sünden.

Fr. Was ist die Todsünde?

A. Die Todsünde ist eine schwere Uibertretung des göttlichen Gesetzes.

Fr. Was schadet die Todsünde?

A. Durch die Todsünde wird die Seele des geistlichen Lebens, das ist: der heiligmachenden Gnade Gottes beraubet, der Mensch wird ein Feind Gottes, und des ewigen Todes schuldig.

Fr. Was nennet man läßliche Sünden?

A. Läßliche Sünden nennet man geringe Uibertretungen des göttlichen Gesetzes.

Fr. Welche sind die verschiedenen Gattungen der wirklichen Sünden?

A. Die verschiedenen Gattungen der wirklichen Sünden sind:

1. Die sieben Hauptsünden.
2. Die sechs Sünden in den heiligen Geist.
3. Die vier himmelschreyenden Sünden.
4. Die neun fremden Sünden.

Fr. Welche sind die sieben Hauptsünden?

A. Folgende sind die sieben Hauptsünden.

1. Hoffart. 2. Geiz. 3. Unkeuschheit. 4. Neid. 5. Fraß und Füllerey. 6. Zorn. 7. Trägheit.

Fr. Welche sind die sechs Sünden in den heiligen Geist?

A. Die sechs Sünden in den heiligen Geist sind:

1. Vermessentlich auf Gottes Barmherzigkeit sündigen.
2. An Gottes Gnade verzweifeln.

3. Der erkannten christlichen Wahrheit widerstreben.
4. Seinem Nächsten die göttliche Gnade mißgönnen und ihn darum beneiden.
5. Wider heilsame Ermahnungen ein verstocktes Herz haben.
6. In der Unbußfertigkeit vorsetzlich verharren.
Diese Sünden werden schwer oder gar nicht, weder in diesem noch in dem andern Leben nachgelassen.

Fr. Welche sind die vier himmelschreyenden Sünden?

A. Die vier himmelschreyenden Sünden sind:
1. Vorsetzlicher Todschlag.
2. Die stumme oder sodomitische Sünde.
3. Die Unterdrückung der Armen, Wittwen, und Waisen.
4. Wenn man den verdienten Liedlohn den Arbeitern und Taglöhnern vorenthält und entzieht.

Fr. Welche sind die neun fremden Sünden?

A. Die neun fremden Sünden sind:
1. Zur Sünde rathen.
2. Andere heißen sündigen.
3. In anderer Sünde einwilligen.
4. Andere zur Sünde reizen.
5. Anderer Sünde loben.
6. Zur Sünde stillschweigen.
7. Die Sünden nicht strafen.
8. An denselben Theil nehmen.
9. Dieselben vertheidigen.

Zweyter Theil der christlichen Gerechtigkeit: Thu das Gute.

Fr. Was ist das Gute?

A. Das Gute ist, was dem göttlichen Gesetze gemäß ist.

Fr. Was ist dem göttlichen Gesetze gemäß?

A. Dem göttlichen Gesetze sind die Tugenden und guten Werke gemäß.

Fr. Giebt es mehrere Gattungen der Tugenden, welche der Christ ausüben soll?

A. Es giebt mehrere Gattungen der Tugenden, welche der Christ ausüben soll; es giebt göttliche und sittliche Tugenden.

Fr. Was sind göttliche Tugenden?

A. Göttliche Tugenden sind jene, welche Gott zum unmittelbaren Bewegungsgrunde haben.

Fr. Welche sind die göttlichen Tugenden?

A. Glauben, Hoffnung und Liebe sind die drey göttlichen Tugenden.

Fr. Ist der Mensch schuldig sich in den dreyen göttlichen Tugenden zu üben?

A. Der Mensch ist schuldig sich in den dreyen göttlichen Tugenden zu üben.

Fr. Wann ist der Mensch besonders schuldig sich in den dreyen göttlichen Tugenden zu üben?

A. Der Mensch ist schuldig unter einer Todsünde sich in den dreyen göttlichen Tugenden zu üben;

1. Sobald als er zum Gebrauche seines Verstandes kömmt.
2. Oefters in seinem Leben.
3. Zur Zeit einer heftigen Versuchung wider diese Tugenden.
4. In Lebensgefahr, und auf dem Todbette.

Fr. Wie kann man den Glauben erwecken?

A. Man kann den Glauben folgendermassen erwecken:

Ich glaube an dich wahrer dreyeiniger Gott:

Gott: Vater, Sohn, und heiliger Geist. — Ich glaube und bekenne alles, was du, o Gott! geoffenbaret hast, was Jesus Christus gelehret, was die Apostel geprediget haben, und was die heilige römische katholische Kirche uns zu glauben vorstellet. Dieses alles glaube ich, weil du, o Gott! die ewige und unendliche Wahrheit und Weisheit bist, welche weder betrügen, noch betrogen werden kann. O Gott! vermehre meinen Glauben.

Fr. Wie kann man die Hoffnung erwecken?

A. Man kann die Hoffnung auf folgende Weise erwecken.

Ich hoffe; und vertraue auf deine unendliche Güte, und Barmherzigkeit, o Gott! daß du mir durch die unendlichen Verdienste deines eingebornen Sohnes Jesu Christi in diesem Leben die Erkenntniß, wahre Reue und Verzeihung meiner Sünden ertheilen, nach dem Tode aber die ewige Seligkeit geben, und verleihen wirst, dich von Angesicht zu Angesicht zu sehen und zu lieben, und ohne End zu genießen. Ich hoffe auch von dir die nöthigen Mittel alles dieses zu erlangen. Ich hoffe es von dir, weil du es versprochen hast, der du allmächtig getreu unendlich gütig, und barmherzig bist O Gott! stärke meine Hoffnung.

Fr Wie kann man die Liebe erwecken?

A. Die Liebe kann man auf folgende Art erwecken.

O mein Gott! ich liebe dich aus ganzen meinem Herzen über alles, weil du das höchste Gut, weil du unendlich vollkommen und aller Liebe würdig bist; auch darum liebe ich dich,

weil

weil du gegen mich, und alle Geschöpfe höchst gütig bist. — Es schmerzet mich, daß ich gesündiget, daß ich dich meinen allmächtigen Herrn, meinen beßten Vater beleidiget habe. Ich nehme mir ernstlich vor alle Sünden sammt allen bösen Gelegenheiten zu meiden,— und niemals gegen deinen heiligsten Willen zu handeln. — Gib mir die Gnade zu Erfüllung dieses meines Vorsatzes. —

Fr. Was sind sittliche Tugenden?

A. Sittliche Tugenden sind jene, dadurch die Sitten des Christen so eingerichtet werden, daß sie Gott gefällig sind.

Fr. Welche sind unter den sittlichen Tugenden, die ein Christ ausüben muß, die Haupttugenden?

A. Unter den sittlichen Tugenden, welche ein Christ ausüben muß; sind vier Haupttugenden: 1. Die Klugheit. 2. Die Mässigkeit. 3. Die Gerechtigkeit. 4. Die Starkmüthigkeit.

Fr. Welche Tugenden sind den Hauptsünden entgegengesetzt?

A. Die Demuth ist der Hoffart entgegengesetzet.
Die Freygebigkeit dem Geitze.
Die Keuschheit der Unkeuschheit.
Die Liebe dem Neide.
Die Mässigkeit dem Fraße und der Füllerey.
Die Geduld dem Zorne.
Der Eifer im Guten der Trägheit.

Fr. Was gehöret noch mehr zur christlichen Gerechtigkeit?

A. Zur christlichen Gerechtigkeit gehören noch die Pflichten, welche Jesus Christus besonders anbefohlen hat.

Fr.

Fr. Welche sind die Pflichten, welche Jesus Christus besonders anbefohlen hat?

A. Die Pflichten, welche Jesus Christus besonders anbefohlen hat, sind folgende:

1. Zuvörderst das Reich Gottes und seine Gerechtigkeit suchen.
2. Sich selbsten verläugnen.
3. Sein Kreuz tragen.
4. Christo nachfolgen.
5. Sanftmüthig und demüthig seyn.
6. Die Feinde lieben, denen wohl thun, die uns hassen, für die beten, welche uns beleidigen und verfolgen.

Fr. Was gehöret noch mehr zu der christlichen Gerechtigkeit?

A. Zu der christlichen Gerechtigkeit gehören auch jene acht vortreffliche Tugenden, welche Christus der Herr auf dem Berge gelehret, und wegen welchen er den Menschen selig gesprochen hat, folgende sind es:

1. Selig sind die Armen im Geiste, denn ihrer ist das Himmelreich.
2. Selig sind die Sanftmüthigen, denn sie werden das Erdreich besitzen.
3. Selig sind die trauren, und klagen, denn sie werden getröstet werden.
4. Selig sind, die hungert und durstet nach der Gerechtigkeit, denn sie werden ersättiget werden.
5. Selig sind die Barmherzigen, denn sie werden Barmherzigkeit erlangen.
6. Selig sind, die eines reinen Herzens sind, denn sie werden Gott anschauen.

7.

7. Selig sind die Friedfertigen, denn sie werden Kinder Gottes genannt werden.
8. Selig sind, die Verfolgung leiden um der Gerechtigkeit willen, denn ihrer ist das Himmelreich.

Fr. Was sind gute Werke eines Christen?

A. Gute Werke eines Christen sind Handlungen, welche Gott wohlgefällig, und für den Christen, der sie ausübet, verdienstlich sind.

Fr. Welche sind die vornehmsten guten Werke?

A. Die vornehmsten guten Werke sind: Beten, Fasten, Almosen geben.

Fr. Welche sind die leiblichen Werke der Barmherzigkeit?

A. Die leiblichen Werke der Barmherzigkeit sind folgende sieben:

1. Die Hungrigen speisen.
2. Die Durstigen tränken.
3. Die Fremden beherbergen.
4. Die Nackenden bekleiden.
5. Die Kranken besuchen.
6. Die Gefangenen erlösen.
7. Die Todten begraben.

Fr Welche sind die geistlichen Werke der Barmherzigkeit?

A. Die geistlichen Werke der Barmherzigkeit sind folgende sieben:

1. Die Sünder bestrafen.
2. Die Unwissenden lehren.
3. Den Zweifelhaften recht rathen.
4. Die Betrübten trösten.
5. Das Unrecht mit Geduld leiden.

6. Denen, die uns beleidigen, gern verzeihen.
7. Für die Lebendigen und Todten Gott bitten.

Fr. Welche sind die evangelischen Räthe?

A. Die evangelischen Räthe sind: 1) Die freywillige Armuth. 2) Die ewige Keuschheit. 3) Der beständige Gehorsam unter einem geistlichen Obern.

Anhang.

Von den vier letzten Dingen.

Fr. Welche sind die vier letzten Dinge?

A. Die vier letzten Dinge sind: der Tod, das Gericht, die Hölle und das Himmelreich.

Fr. Was ist der Tod?

A. Der Tod ist die Trennung der Seele von dem Leibe.

Fr. Müssen alle Menschen sterben?

A. Alle Menschen müssen sterben.

Fr. Woher kömmt es, daß alle Menschen sterben müssen?

A. Daß alle Menschen sterben müssen, kömmt von der Sünde, welche Adam im Paradeise begangen hat. Hätte Adam nicht gesündiget, so wären wir auch dem Leibe nach unsterblich geblieben. Der Tod ist die Strafe der Sünde.

Fr. Was ist von dem Gericht zu merken?

A. Von dem Gerichte ist zu merken, daß Jesus die Seele jedes Menschen gleich nach dem Tode besonders, am Ende der Welt aber alle Menschen zusammen mit Leib und Seele richten werde.

Fr. Zu was wird die Seele in dem besondern Gerichte verurtheilet?

A.

A. Die Seele wird in dem besonderen Gerichte entweder in das Fegfeuer oder in die Hölle verurtheilet, oder in den Himmel aufgenommen.

Fr. Was ist das Fegfeuer?

A. Das Fegfeuer ist der Ort, wo die Seelen zeitliche Strafen für die Sünden leiden, welche sie im Leben nicht abgebüsset haben.

Fr. Welche Seelen werden in das Fegfeuer verurtheilet?

A. Die Seelen derjenigen werden in das Fegfeuer verurtheilet, welche, ob sie zwar in der Gnade Gottes gestorben sind, dennoch wegen den begangenen Sünden der göttlichen Gerechtigkeit nicht genug gethan haben.

Fr. Was ist die Hölle?

A. Die Hölle ist der Ort, wo die Verdammten ewig gepeiniget werden.

Fr. Wer kömmt in die Hölle?

A. Derjenige kömmt in die Hölle, welcher in einer Todsünde stirbt.

Fr. Was ist der Himmel?

A. Der Himmel ist der glückseligste Aufenthalt der Heiligen, wo Gott sich seinen treuen Dienern von Angesicht zu Angesicht offenbaret, und selbst ihren überaus großen Lohn ausmachet.

Fr. Wer kömmt in den Himmel?

A. Derjenige kömmt in den Himmel, welcher in der Gnade Gottes verstorben ist, und der, welcher die begangenen Sünden entweder in diesem, oder in dem andern Leben abgebüsset hat.

www.ingramcontent.com/pod-product-compliance
Lightning Source LLC
Chambersburg PA
CBHW022147090426
42742CB00010B/1423

* 9 7 8 3 7 4 3 6 7 8 0 2 6 *